ÉTUDE

RELIQUES DE SAINT.REMI

Par M. L'Abbé V. TOURNEUR, vicaire général.

REIMS

IMPRIMERIE COOPÉRATIVE DE REIMS, RUE PLUCHE, 24

(E. Gény, directeur.)

—

1877

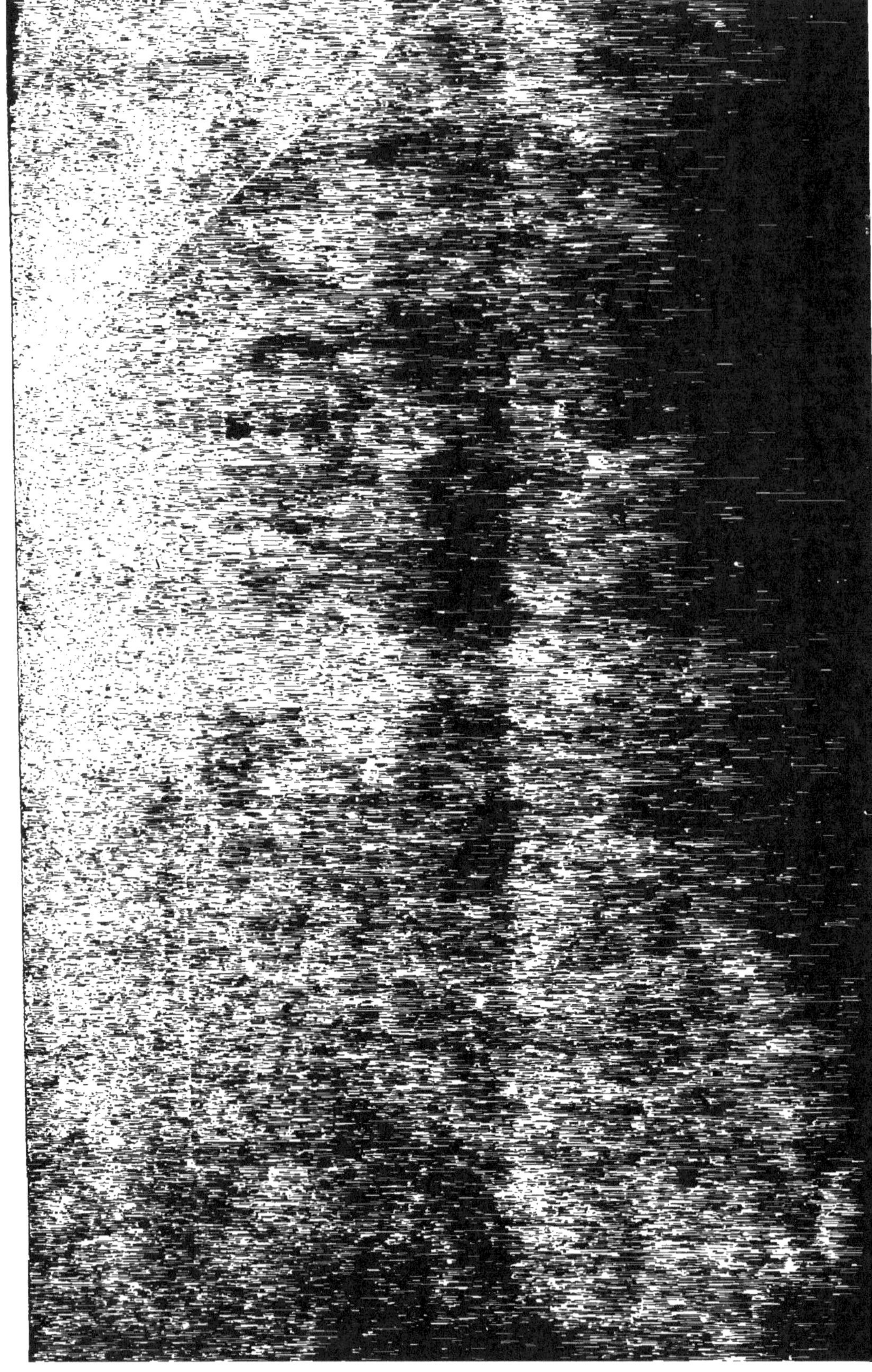

ÉTUDE

SUR LES

RELIQUES DE SAINT REMI

Par M. L'Abbé V. TOURNEUR, vicaire général.

Le 20 juin 1873, M. l'abbé Colombelli, pro-vicaire
général de Bergame, en Lombardie, adressait à
l'archevêché de Reims une lettre portant pour
suscription ces mots : *A M. le Vicaire général
de Reims*. Voici la traduction exacte du texte,
écrit en latin.

Illustrissime et Révérendissime Monsieur,

J'ai confiance que vous voudrez bien accueillir
l'humble lettre que j'ose vous adresser.

Nous avons, dans notre diocèse de Bergame, une
paroisse dédiée à saint Georges et située dans un
bourg nommé *Eudine*. On y honore avec une très-
grande vénération une relique insigne qui, ju-qu'à

ce jour, a été unanimement regardée comme une portion du corps du grand saint Remi, archevêque de Reims, et qui consiste dans l'os appelé par les médecins *ulna*, ou l'avant-bras. En effet, en l'an 1703, l'Illustrissime et Révérendissime Monseigneur Louis Ruzzini, évêque de Bergame, vint à Eudine pour la visite pastorale, et il voulut constater l'authenticité de cette relique. Il trouva un parchemin attaché à la relique par un fil de soie rouge et portant l'inscription suivante : « Ce sont les reliques » de saint Remi, qui ont été vénérées, entre autres » personnages, par l'Illustrissime et Révérendissime » évêque de Bergame, le 7 octobre 1597, quand il » faisait, selon l'usage, la visite de l'église de Saint-» Georges, dans la commune d'Eudine. »

Non satisfait par cette note, et à défaut d'un témoignage plus sûr et tout à fait irréfragable, Mgr Ruzzini ouvrit une enquête régulière, afin d'arriver à prouver l'origine authentique de cet ossement. Il en résulta que depuis l'an 1200 on vénérait la relique dans l'église paroissiale d'Eudine, où elle avait été apportée de France, et que toujours elle avait été regardée comme ayant appartenu au corps de saint Remi, archevêque de Reims.

Bien plus, un des témoins appelés par le Révérendissime évêque, Mgr Ruzzini, déclara avoir logé pendant quelque temps un Français nommé Claude, lequel lui avait maintes fois répété qu'il avait visité souvent la ville de Reims, où le corps de saint Remi est vénéré ; que là on lui avait appris que ce même corps manquait d'un bras, le même bras présent et vénéré à Eudine.

Cependant, plusieurs auteurs graves, et en particùlier les *Bollandistes*, affirment que lors de la visite faite du corps de saint Remy, en 1646, par l'archevêque de Reíms, Léonor d'Etampes de Valançay, ce corps fut trouvé intact dans toutes ses parties. Si leur témoignage doit être pris à la lettre, et s'il est vrai, il s'ensuit que la relique vénérée à Eudine, dans le diocèse de Bergame, ne pourrait plus jouir d'aucune authenticité. Je vous prie, au nom de Dieu, par les présentes, de me faire connaître la vérité.

La chose à éclaircir est des plus importantes. C'est pourquoi je vous prie d'accueillir favorablement mes humbles supplications ; et je ne doute pas que vous ne le fassiez.

Dans cet espoir bien fondé, je vous envoie avec empressement l'expression de mon humble respect.

Bergame, Lombardie, le 20 juin 1873.

COLOMBELLI, *pro-vicaire général.*

Au R. et Ill. DD.
Vicaire général de Reims.

Une réponse claire et concluante était facile. Nous avions sous la main la tradition constante de l'Eglise de Reims, et son culte treize fois séculaire, pour nous attester la présence du corps entier de saint Remi au lieu même où nous allons encore le vénérer. Flodoard nous racontait la sépulture et les premières translations ; les procès-verbaux de 1646 nous donnaient la certitude que le corps de notre grand Apôtre avait été trouvé intact à cette époque par Léonor d'Etampes ; nous savions par la foi unanime du clergé et des fidèles de Reims, que 1793 avait rencontré la même intégrité parfaite quand des mains parricides et sacriléges osèrent violer le saint tombeau. Nous devions au zèle pieux de M. l'abbé Cerf, pour les monuments de l'antiquité rémoise (de l'antiquité religieuse surtout), un précieux article, loué par votre secrétaire général, dans le compte-rendu des travaux de l'Académie en 1864-1865, article enrichi de procès-verbaux bien plus complets que ceux édités par M. Varin dans ses *Archives,* et que nous avions lieu de croire parfaitement authentiques.

Cependant, voulant profiter d'une occasion si opportune pour étudier plus à fond cette question historique et religieuse de l'authenticité des reliques de saint Remi, nous ne nous sommes pas contenté des ouvrages de seconde main, et nous avons remonté aux sources.

Nos peines n'ont pas été sans salaire : pour le *passé,* nous avons trouvé la rectification de plusieurs erreurs *accréditées,* et si je puis ainsi parler, *officielles,* dans l'admirable étude des *Bollandistes.* Après avoir beaucoup cherché, nous ne craignons pas de dire à tous ceux qui désireront connaître, aussi à fond qu'il est possible, la vie de saint Remi, qu'ils ne rencontreront rien de plus sérieux que le beau *Commentaire historique* du P. Constantin Suyskène. Quelques détails seulement ont échappé à ses recherches ; mais en revanche, il a exposé, sinon résolu, les innombrables problèmes dont est remplie cette longue vie de quatre-vingt-seize ans, mêlée aux événements les plus importants de l'histoire de Reims, du diocèse, de la province ecclésiastique, et de la nation tout entière.

Pour le *présent,* la Providence ne nous a pas moins bien servi. Au moment où nous y songions le moins, un archiviste intelligent nous signale dans les papiers les plus précieux de l'archevêché, un paquet *scellé*, dont tout le monde, sauf lui, ignorait l'existence. Sur l'enveloppe, soigneusement fermée par un large cachet de cire rouge, aux armes de Mgr J.-B. de Latil, nous lisions l'inscription suivante écrite de la main même du Prélat et signée de son nom : « Papiers concernant l'invention du » corps de saint Remi ; ce paquet ne doit être ou- » vert que par nous ou nos successeurs. A Reims, » 17 décembre 1824. J.-B., archevêque de Reims. » (M. de Latil, transféré de Chartres à Reims le 26 mars 1824, ne fut créé cardinal qu'en 1826.)

Demander une autorisation expresse à Mgr Landriot, ouvrir en sa présence ce mystérieux dossier, en inventorier le contenu, fut, on le devine, l'affaire d'un instant. Nous y trouvâmes les originaux parfaitement authentiques des procès-verbaux de 1795 et de 1796, publiés par M. Cerf. Mais en confrontant le texte donné par celui-ci, avec la version véritable, il nous fut facile de constater que notre cher et vénéré collègue n'a eu en sa possession que des copies faites à la hâte et sans exactitude. Nous n'exagérons pas en disant que nous avons compté au moins *deux cents variantes* entre le véritable texte et sa reproduction. Le plus grand nombre sans doute de ces variantes est complètement insignifiant; mais un certain nombre est important.

Après ces recherches, nous venons donc aujourd'hui, Messieurs : 1° vous communiquer la réponse envoyée par nous, avec l'approbation de Mgr Landriot, à M. Colombelli, pro-vicaire général de Bergame ; 2° vous indiquer quelques-unes des corrections faites par les Bollandistes aux assertions du plus grand nombre des auteurs ; 3° vous signaler les points les plus importants des procès-verbaux de 1795-1796, dont nous avons providentiellement re-trouvé les textes authentiques ; 4° nous transcri-rons, pour les *Annales de l'Académie*, le texte scrupuleusement exact de ces documents, vous de-mandant d'avance d'en autoriser la reproduction. Ces pièces appartiennent à l'histoire de saint Remi, à l'histoire même de France ; il importe beaucoup que vous donniez la version authentique dans votre recueil, puisque une copie fautive a été imprimée dans votre 42° volume, à la page 96 et suivantes. Oserai-je ajouter que, d'après le récit intéressant de M. Cerf lui-même, ces pièces ont revêtu, pour ainsi dire, un caractère sacré. Enfermées dans la châsse de saint Remi, avec ses ossements, en 1803, par les représentants de M. de Barral, évêque de Meaux, alors Ordinaire de la ville de Reims, elles en ont été extraites le 17 décembre 1824 (1) par Mgr de Latil, et remplacées par un procès-verbal unique, dont M. l'abbé Gros, alors secrétaire de l'Archevêché de Reims, et depuis évêque de Ver-sailles, donna lecture au moment où l'on ferma la châsse actuelle D'après l'inscription que nous lisions tout à l'heure, c'est ce même jour, 17 décembre 1824, que Mgr de Latil scella le paquet renfermant les originaux sortis, pour ainsi dire, de la tombe

---

(1) M. l'abbé Cerf a imprimé 1823 dans les *Annales* de l'Académie, dans son tirage à part et dans l'*Essai sur saint Remi*. C'est une distraction évidente. Mgr de Coucy est mort le 9 mars 1824 ; Mgr de Latil fut nommé à Reims le 24 mars suivant.

de saint Remi, pour nous raconter authentique-
ment les faits qui relient au passé l'histoire pré-
sente et future de ses précieux restes.

Il est inutile, je pense, de répéter que je n'en-
tends élever ici aucun blâme contre l'intéressant
travail de M. l'abbé Cerf. Il a généreusement livré
au public les documents qu'il possédait sur une
question capitale de notre histoire ; qu'il en soit
remercié, comme il remerciera lui-même M. Colombelli, ou plutôt la Providence qui s'est servie de la
relique d'Eudine pour nous faire découvrir et pu-
blier les titres originaux et authentiques oubliés
dans nos archives. Que cherchons-nous, tous tant
que nous sommes ? La vérité, rien que la vérité !

1° *Réponse à la lettre de Bergame, écrite par M. Colombelli, pro-vicaire général.*

Monsieur l'Abbé,

Vous possédez dans la paroisse de Saint-Georges
d'Eudine, au diocèse de Bergame, en Lombardie,
une relique insigne, honorée depuis le XIIIe siècle
au moins, consistant en un avant-bras (*ulna*), avec
cette inscription : *Hœ sunt reliquiœ divi Remigii.*
Une enquête faite en 1703 a constaté que la tradition populaire regarde cette relique comme une
portion du corps de saint Remi, archevêque de
Reims ; et un Français venu plusieurs fois dans notre
ville au XVIe siècle a déclaré qu'en effet, le corps
conservé dans notre ville métropolitaine manque
d'un de ses bras.

A l'aide des documents les plus certains, nous
pouvons établir clairement la vérité : saint Remi,
notre illustre archevêque, mourut le 13 janvier

5:33 (voir le *Commentaire des Bollandistes*, n° 60 et suivants). Il fut inhumé dans la petite église de Saint-Christophe, alors voisine de la ville et hors de son enceinte. Peu d'années après, avant 585, d'après Grégoire de Tours, on augmenta l'étendue de l'édifice, et derrière l'autel on creusa une crypte pour y déposer les reliques du saint. La translation se fit le 1er octobre; on prit quelques cheveux de saint Remi, une portion de sa chasuble et de sa tunique; et son corps entier, quoique desséché, demeura enveloppé dans son suaire. *Et integrum licet exsiccatum, corpus ejusdem rubeo constat brandeo involutum* (Flod. Hist. Eccl. Rem., lib. I, cap. 20).

C'est à tort que le *Gallia christiana* et quelques autres auteurs ont attribué cette translation à l'archevêque Sonnace, monté sur le siége de Reims en 600 (Voir les *Bollandistes* au *Commentaire* n° 298).

De 585 à 852, le corps de saint Remi ne fut pas touché.

Hincmar, l'un de nos archevêques les plus célèbres et les plus dévots à saint Remi, fit faire une crypte nouvelle et un tombeau plus riche. « De cor-
» pore autem ipsius Beatissimi Remigii non est
» ausus aliquid sumere, sicut ipse testatur in epis-
» tolà ad Regem Ludovicum Trans Rhenensem, qui
» id sibi ab eo petebat muneris. Sed hic Pontifex,
» pro maxima præsumptione asserit se duxisse,
» corpus ejus, quod Dominus per tanta tempora
» integrum conservaverat, disrumpere. » (Flod. *Hist. eccl. Rem.*, lib. III, cap. 9) L'histoire nous apprend que Hincmar se contenta d'enlever le suaire enveloppant la tête de saint Remi, pour en

enrichir le trésor de Notre-Dame de Reims, son église métropolitaine, à qui il l'envoya enfermé dans un coffret d'ivoire, mais il respecta le corps à cause de son intégrité absolue.

Pendant 794 ans, de 852 à 1646, le glorieux corps resta tel qu'Hincmar l'avait laissé, malgré diverses pérégrinations de la châsse à Epernay, à Orbais, à Notre-Dame de Reims, pendant le cours des ixe et xe siècles. En 1646, l'archevêque Léonor d'Etampes de Valençay fit ouvrir, en présence d'un grand nombre de témoins illustres, la châsse fermée par Hincmar. Voici les termes mêmes du procès-verbal, beaucoup plus précis que ce que les *Acta sanctorum* en ont rapporté :

« Ad ultimum, corpus apparuit strictius invo-
» lutum brandeo rubro, cum pelle ita conjuncto et
» adhærente, ut vix sine fracturâ avelli posset,
» omnibus tamen corporis partibus firmis et ad in-
» vicem colligatis, etiam devote attrectantibus,
» cognitis et sufficienter exploratis. »

Mais pour plus de clarté, ajoutons quelques détails :

L'examen des saintes reliques eut lieu deux fois différentes, la première le 20 septembre (1), par les vicaires généraux de Léonor d'Etampes, accompagnés des religieux de l'abbaye de Saint-Remi et d'autres personnages considérables du nombre desquels était D. Guillaume Marlot, grand prieur de l'abbaye de Saint-Nicaise de Reims, et qui imprima l'année suivante, 1647, un volume intitulé *le Tom-*

---

(1) C'est bien le 20, et non le 19, car le procès-verbal le mentionne expressément : *die 20 septembris, vigilia B. Matthœi apostoli.*

beau de saint Remi, dans lequel il raconte ce qu'il a vu de ses propres yeux. Un exemplaire de ce livre de Marlot fut retrouvé dans la châsse de saint Remi, le 23 octobre 1793, quand on vint la dépouiller. La seconde visite se fit le 13 novembre de la même année, par l'archevêque de Reims en personne, assisté de Henry de Maupas du Thour, rémois, alors évêque du Puy, et connu dans le monde littéraire comme l'auteur d'une vie remarquable de saint François de Sales. Avec lui étaient Henry d'Orléans, marquis de Rothelin, le chanoine d'Y de Seraucourt, etc., etc. Après cette seconde visite, on rédigea le procès-verbal dont nous citions tout à l'heure quelques paroles. En voici d'autres plus significatives encore :

« Humeri et brachia, licet non fuerint prædicto » brandeo discooperta propter ve tustatem, integra » tamen et artubus ac tibiis conjuncta esse evi- » denter patuit, iis qui totum corpus, licet exsic- » catum (ut ait Hincmarus) attrectarunt. » D'Hincmar, en 852, à Eléonor d'Etampes, en 1646, le corps de saint Remi resta donc intact et complet.

Tel on le retrouva le 13 octobre 1793, quand on le tira de son tombeau pour l'inhumer :

« Quand le corps eut été découvert, dit le pro- » cès-verbal dressé le 3 octobre 1796, on le vit » dans l'attitude d'un corps entier ; les os parurent » desséchés, unis entre eux par leurs ligaments, » lesquels se détachèrent au premier attouche- » ment. » Nous avons ailleurs le récit d'un témoin oculaire qui a remarqué un *manipule attaché* au bras gauche de saint Remi, et qui a constaté également l'intégrité du corps.

Ce qui confirme pleinement ces faits, c'est que antérieurement à 1793, on ne connaissait nulle part aucune relique authentique de saint Remi provenant de son corps, si ce n'est des cheveux et quelques dents. Notre-Dame de Reims n'avait que le suaire ; et les *Acta Sanctorum* démontrent que ce que l'on croyait posséder à Florence et ailleurs provenait d'un autre personnage du nom de saint Remi, de saint Remi de Rouen, par exemple, mort au viii⁰ siècle, et dont le corps reposait à Soissons, dans la province de Reims.

Cette interprétation s'applique d'autant mieux à la relique d'Eudine que la *Schedula* porte : *Reliquiæ Divi Remigii*, sans ajouter *Episcopi remensis*. La tradition populaire aura facilement accepté cette erreur, attendu que notre saint est de beaucoup le plus célèbre des personnages du même nom. Quant à la tradition mentionnée par le témoin Claude, que le corps de saint Remi passait à Reims pour être privé d'un de ses bras dans son tombeau ? C'est une évidente erreur démentie par tout ce que nous venons de citer. D'où nous concluons, sans hésiter, que l'avant-bras honoré à Eudine ne peut être celui de notre saint archevêque.

Agréez, etc.

V. T.

II. Abordons maintenant, Messieurs, mais très-brièvement, les principales remarques fournies par les monuments auxquels nous avons du recourir.

Saint Remi meurt le 13 janvier 533, les Bollandistes fixent clairement cette date. Malgré Baronius, Colvener, Marlot, et un grand nombre d'auteurs considérables, le P. C. Suyskène démontre, au § 59 de son *Commentaire,* que Flavius, deuxième successeur de saint Remi, signa les actes du concile de Clermont en 535. Entre lui et saint Remi, il faut placer saint Romain. Saint Remi est donc mort en 533, comme une multitude. d'autres inductions contribuent à l'établir.

Il mourut dans son palais épiscopal situé auprès de son église, l'église que saint Nicaise avait bâtie et que remplace notre Métropole actuelle. Quand on le transporta au lieu qu'il avait choisi pour sa sépulture, non par son testament, mais·par un codicile ajouté à cet acte, le cortége funèbre sort de Reims par la porte Saint-Denis, située vers le milieu de la rue Sainte-Catherine actuelle, car la rue des Fuseliers était le chemin de ronde intérieur et le Bourg Saint-Denis le chemin extérieur ; entre les deux, le rempart et le fossé. En l'an 900, le 29 décembre, les reliques de saint Remi suivront le même chemin et guériront, en face de Saint-Marcoul, le boiteux Sigloard.

Vers Saint-Maurice, on rencontre un groupe de maisons, réunies sans doute, autour de la voie Césarée, ou du Barbâtre, car Saint-Maurice était déjà une paroisse. L'église a son portail tourné comme aujourd'hui ; la loi de l'orientation était dès lors rigoureusement gardée. On arrive au sommet de la colline, à l'angle actuel de la rue du Cerf et de la place Saint-Timothée (et non pas de Saint-Remi, comme l'a imprimé un auteur sérieux). Alors le saint corps devient si pesant, qu'aucun effort ne peut le mouvoir, si ce n'est quand, laissant à gauche les églises de Saint-Timothée et de Saint-Nicaise, on se dirige vers la chapelle Saint-Christophe. La croix d'Adélode, détruite en 1792, attestait ce miracle. Chastelain, chanoine de Paris au XVIIe siècle, qui a commenté le martyrologe, et plusieurs autres, affirment donc à tort que saint Remi aurait reçu une première sépulture dans l'église de Saint-Timothée.

M. Tarbé, l'auteur de la *France pontificale*, M. Lacatte-Joltrois, et quelques autres, disent que l'église Saint-Christophe avait succédé à une autre dédiée à saint Clément, et le regretté M. Aubert a consacré cette tradition, en faisant peindre l'image du saint pape sur une des premières verrières du bas-côté méridional de l'église Saint-Remi. Ni Flodoard, ni Hincmar, ni Marlot, ni les Bollandistes, ne disent rien de saint Clément ; et nous ignorons à quelle source ont puisé ceux qui en ont parlé. Nous avons trouvé cependant une preuve certaine de l'exactitude de leur assertion. Quand le pape saint Léon IX consacra l'autel de la basilique de Saint-Remi, le 1er octobre 1049, il la dédia à saint Pierre et saint Paul, à *saint Clément*, à *saint Christophe* et à saint Remi ; ces trois derniers nous rappellent les titulaires successifs de l'église érigée en ce lieu.

Je vous ai parlé, Messieurs, d'une erreur *officielle*, rectifiée par nos vieux auteurs, et en particulier par les *Bollandistes*, la voici : Quand la ville de Reims, complétant une admirable restauration, fit ériger, en 1847, par M. Brunette, aidé de MM. Combettes et Wandling, le tombeau actuel de saint Remi, qui fut béni par le Cardinal Gousset, en présence de Mgr de Prilly, évêque de Châlons,

et non en présence de *plusieurs évêques*, l'Académie fut priée, par l'administration municipale, de rédiger l'inscription que devait recevoir le monument. M. Gobet, notre savant confrère, en fut le rédacteur, et il écrivit : *Beati Remigii sepulcrum, a Sonnatio Episcopo, anno 623 hoc in eodem loco primitus elatum.* J'ignore quelle autorité il suivait en cela ; mais combien il aurait hésité s'il avait recouru aux sources, et surtout aux Bollandistes ! Les miracles opérés par saint Remi, aussitôt après sa mort, en faveur de ceux qui visitaient son tombeau, rendirent bientôt trop étroite l'église de Saint-Christophe. On l'agrandit, on creuse derrière l'autel une crypte pour y déposer avec honneur les reliques enfermées dans une tombe de marbre, après qu'on les eut exhumées du lieu où elles reposaient depuis 533 ! Tout est prêt pour le lendemain, premier octobre. Quand tout à coup, pendant la nuit qui précède, le saint corps se trouve transporté par la *main des anges,* dit Hincmar, au lieu disposé pour le recevoir. Voilà tout ce que raconte Hincmar. Flodoard, et tous les auteurs après lui, nous rendent ce récit comme celui de la première translation du corps de saint Remi. Mais de la date, pas un mot. Et de Sonnace, pas davantage. Où donc M. Gobet, et d'autres avec lui, a-t-il trouvé son nom ? — Dans Marlot, t. II, p. 253, mais avec quelles restrictions ! Après avoir raconté la translation miraculeuse, notre vieux chroniqueur ajoute en hésitant : J'ai cru qu'elle était arrivée (cette
» translation) après la peste inguinaire, et qu'il
» n'y avait pas de lieu plus convenable pour en
» parler que sous Sonnace. » Et voilà l'unique au-

torité qui a fait nommer cet archevêque : une in-
duction, hasardée en tremblant, dix ou onze siècles
après l'événement ! Par une étrange distraction,
les éditeurs du Marlot français essayent de corro-
borer, d'après Baillet, le dire de Marlot en faveur
de Sonnace, en l'appuyant sur Grégoire de Tours.
Or, Grégoire de Tours mourut en 595, cinq ans
avant que Sonnace devînt archevêque; il n'a
donc pu songer à lui.

Mais d'où vient la date de 623? Nous n'avons
pù le découvrir. Marlot, dans son livre sur le
Tombeau, et Colvener, qu'il cite, ont adopté *633*,
et le P. de Ceriziers va même jusqu'à 635, en attri-
buant la translation à Sonnace, sans toutefois se
mettre en peine de répondre à un grand nombre
d'auteurs sérieux, comme nos *Ordos* et la *France
Pontificale* de Fisquet, qui font mourir Sonnace
en 631. Dom Lespaignol, grand prieur de Saint-
Remi, dans sa *Vie de sainte Vaubourg*, fixe l'an
567, et le pontificat d'Œgidius; les Bollandistes re-
montent à 565, sous le même archevêque.

Voici leurs preuves. Immédiatement après la mort
de saint Remi, les pèlerins affluent à son tombeau ;
douze ans après sa mort, en 545, la peste inguinaire
ravage toute l'Allemagne. Telle est déjà la confiance
du clergé et du peuple de Reims en l'intercession
de son saint Patron, qu'on porte en procession le
tapis qui recouvrait sa tombe autour des murs de
Reims. Cette confiance est récompensée, car le
fléau respecta cette enceinte qu'il ne franchit jamais. En 665, sainte Salaberge fait un grand et
solennel pèlerinage à saint Remi ; la même année,
saint Nicet, archevêque de Trèves, à qui nous de-

vons notre saint Walfroy, écrit à Glodoswinde, reine de Lombardie, pour la détourner de l'arianisme ; et comme preuve de la divinité du catholicisme, il cite les miracles éclatants quotidiennement opérés par saint Remi et par saint Médard à leurs tombeaux.

Est-il croyable que, en présence de ces faits, on ait attendu cent deux ans pour relever de terre les reliques de saint Remi et les placer sur les autels ? Car il n'y avait point alors d'autres formalités à remplir pour une canonisation. Allons plus loin. Au livre 8, ch. 21 de l'*Histoire de France*, saint Grégoire de Tours raconte que Gontrand Boson fut jugé à *Belsonancum*, Bastogne, par Childebert, et il constate dans son récit que déjà, à cette époque, on avait coutume de célébrer solennellement à Metz la fête de saint Remi le 1er octobre. Or, saint Remi étant mort le 13 janvier, sa fête au premier octobre ne pouvait être qu'une translation faite, par conséquent, bien avant Sonnace. Rien absolument ne prouve donc le « *Beati Remigii sepulcrum a Sonnatio Episcopo, anno 623, hoc eodem in loco primitus elatum,* » comme l'affirme *officiellement* l'inscription gravée en lettres d'or sur le marbre du tombeau de saint Remi.

III. J'arrive maintenant aux procès-verbaux retrouvés en *original* dans la châsse de saint Remi, le 17 décembre 1824, et conservés dans les archives de l'Archevêché. J'ai déjà dit qu'ils diffèrent en un très-grand nombre de points des copies publiées par M. l'abbé Cerf, dans le 42° volume des *Annales de l'Académie*, p. 96, et ailleurs ; j'ai ajouté que la plus grande partie de ces variantes est absolument insignifiante quant au sens ; mais que, cependant

quelques-unes offrent une plus grande importance.
Je devrais peut-être renvoyer aux textes mêmes
que l'un de vos prochains volumes reproduira et
auxquels il sera très-aisé de comparer la copie de
M. Cerf; je me contenterai de quelques détails.

1° Le premier procès-verbal du 5 juillet 1795
est précédé de cet intitulé qui n'a pas été reproduit :
« Procès-verbal de l'examen fait des parties d'uncorps
» que l'on dit être celui de saint Remi, enterré
» dans le jardin de Saint-Remi le 23 octobre 1793,
» et exhumé par les citoyens J.-P. Favereaux, officier
» municipal et de police du canton, et J.-N. Gerard,
» fossoyeur, le 5 juillet 1795, à 5 heures 1/2 du
» matin. »

Parmi les témoins, on a omis « Guillaume Mau-
» pinot, fabricant, et Pierre-Louis-Honoré Thibault,
» religieux prémontré. » Plus loin, l'énumération des
ossements n'est pas faite dans le même ordre. On
lit dans l'original : «... *Sa* mâchoire inférieure *est*
» garnie de trois dents à gauche ; *deux vertèbres*
» du col, *quatre du dos*, le *sernum* (pour sternum),
» *l'omoplate gauche ;* douze côtes, *les* deux hume-
» rus, un cubitus, *les* deux radius, l'os des hanches
» droit, les deux fémurs, deux tibias, un perronné,
» *quelques mousses de bois* dont était garni le
» coussin auquel on en voit encore un peu d'atta-
» ché; deux os de doigts, etc. »

La copie a modifié c tte rédaction; elle dit :
« *la* machoire inférieure garnie de trois dents à
» gauche ; douze côtes, deux humerus, un cubitus,
» deux radius, l'os des hanches droit, les deux
» femurs, deux tibias, un peronné, deux vertèbres
» du col et quatre du dos, le sternum, l'omoplate

» gauche ; puis *quelques morceaux de bois prove-*
» *nant aussi de la tombe de saint Remi* (add.)
» Quelque peu de mousse de bois jaune dont *on*
» *avait garni* le coussin et auquel étaient encore
» attachés *des os des doigts* (le texte dit : *deux*
» *os*). »

2° Les originaux renferment l'addition suivante,
que les *copies* de M. Cerf ne donnent pas.

« Le 11 juillet 1795, à 6 heures du soir, MM.
» Navier et Demanche; médecins, Husson et Gallois,
» chirurgiens, préposés pour statuer l'état de vétus-
» té, et si véritablement les ossements qui leur ont
» été présentés avaient été embaumés et parais-
» saient incontestablement appartenir au sujet dont
» il était question, n'ont pu en disconvenir ; mais un
» seul os, celui du bras, indiquait qu'il avait été con-
» fondu avec les véritables, ce qui donna lieu à de
» nouvelles recherches qui tournèrent à la gloire
» du saint qui ne peut cesser d'être honoré. On se
» transporte donc à l'endroit d'où il fut *exhumé*,
» et le grand nombre des témoins qui y assista en
» consignait la vérité en y apposant leur seing.
» On en retira donc un volume considérable de
» lambeaux de différents suaires et étoffes de soie
» de diverses couleurs parsemées de fleurs de lis et
» de croix semblables à ce qu'on en tira le 5 dudit
» mois ; un drap tout entier de soie, mais pourri,
» revêtu tout autour de cette légende en lettres d'or,
» conforme au procès-verbal de 1646, confrontée,
» livre en main, au moment de l'exhumation (En
» note au bas, on lit : Sanctus Remigius, Pontifex
» Domini pretiose, cum pietate memento Hincmari,
» nomine non merito Episcopi indigni quoque sed

» devoti servi tui). On retrouva, en outre, l'*omo-*
» *plate* droit, en place duquel on avait compris
» celui du volontaire, et qui bientôt, par sa couleur
» et par son poids, fut prouvé ne point appartenir
» à saint Remi. Deux vertèbres, morceaux de côte,
» l'os des hanches droit et l'autre péroné, sembla-
» ble au reste du corps. Ont assisté plusieurs élèves
» comme témoins, savoir : Pierret, Varlet, Lan-
» glet, Thibaut, élèves en chirurgie. »

Ce procès-verbal supplémentaire du 11 juillet
est entièrement inédit. Il est vrai que le procès-
verbal du 13 vendémiaire, an v, y fait clairement
allusion, son importance n'échappera à personne.

3° Procès-verbal du 3 octobre 1796. — Procès-
verbal du 4 octobre. — 2ᵉ procès-verbal de même
date. — 3ᵉ annexe. — Enfin, procès-verbal du 5
octobre 1796.

Nous nous contentons de simples remarques.

1° Les catholiques fervents qui ont copié les pièces
originales ont supprimé autant qu'ils ont pu tout
ce qui indiquait une reconnaissance de l'Eglise cons-
titutionnelle et de son chef, Nicolas Diot.

2° Au procès-verbal annexe du 13 vendémiaire
an v, on a écrit deux fois *déterrés* au lieu de enterrés. — La liste et les dimensions des ossements
offrent de grandes différences.

Nous terminerons par les réflexions suivantes :

Dans le procès-verbal du 4 octobre 1796, MM. Navier et Robin écrivent : « Nous avons reconnu une
» mâchoire inférieure avec deux dents molaires qui
» annonce la même vétusté *sans appartenir au*
» *même sujet,* car *les condyles ne rentrent pas*

» *exactement dans les cavités glénoïdes des os*
» *des tempes.* »

Il ne nous appartient pas de prononcer jusqu'à
quel point une mâchoire inférieure peut se défor-
mer après 1,200 ans, et comment les cartilages qui
terminent les os, ont chance, en disparaissant,
d'empêcher que ces mêmes os s'adaptent complètement. Nous dirons seulement : 1º que MM. Navier
et Robin ont signé *deux fois,* avant et après le 4
octobre 1796, que tous les os appartenaient au
même sujet.

2º Que cette mâchoire ayant la même vétusté,
elle ne pouvait être que du même sujet ; le cimetière du grand jardin, que nous avons vu disparaître
en 1832, n'existait que depuis la Révolution. On ne
pouvait y rencontrer, sans miracle, d'ossements
embaumés ayant 1,200 ans d'âge, si ces ossements
n'appartenaient au corps de saint Remi.

3º Dans le même procès-verbal, MM. Navier et
Robin disent : « les étoupes et les chanvres aroma-
» tisés qui accompagnaient les os et qui en remplis-
» saient les cavités prouvent qu'ils ont été embau-
» més. »

Les cavités dont il s'agit sont les cavités du corps
et les intervalles entre les os et non les cavités des
os eux-mêmes, car les os n'ont jamais été brisés.

Un jour viendra, nous l'attendons, et puisse-t-il
venir bientôt, où la châsse qui renferme depuis le
mois de décembre 1824 les reliques de saint Remi,
et qu'a donnée M. Ludinart de Vauzelles, sera
remplacée par une plus digne du grand Apôtre de
la France. Alors nous reverrons ses ossements sacrés,
nous pourrons en vérifier le nombre... Notre ré-

ponse à Bergame n'aura rien à modifier, mais notre piété sera plus pleinement satisfaite, car jamais nous n'honorerons à notre gré l'Apôtre de la France, le Père de nos pères, et notre Père à nous.

PROCÈS-VERBAUX

Constatant la Conservation des Reliques de Saint Remy

L'an de Jésus-Christ, mille sept cent quatre-vingt-seize

Premier Procès-Verbal du 3 Octobre.

Le trois octobre de l'an de grâce mil sept cent quatre-vingt-seize, nous soussignés, Nicolas Servant et François Detorcy, membres du presbytère du diocèse de la Marne, commissaires nommés d'après l'autorisation du Révérendissime évêque Nicolas Diot, pour faire une reconnoissance exacte et assurer d'une manière incontestable l'authenticité des restes prétieux du corps du Bienheureux saint Remy, apôtre de la France et Patron de cette ville :

Nous sommes transportés à la sacristie de la paroisse de Saint-Remy. Là, en présence d'Armand-Jules Seraine, curé de la ditte paroisse, et de plusieurs des administrateurs de l'église, ont comparu les citoyens Noël Génin, Jean-Pierre Bertrand, Jean-Baptiste Viard, François-Xavier Bernard, et Nicolas Caranjeot, accompagnés de plusieurs autres habitans de cette paroisse.

Lesquels nous ont déclarés qu'ils avaient été témoins de l'extraction qui fut faite le vingt-trois octobre mil sept cent quatre vingt treize de la châsse et du corps de saint Remy renfermés dans le superbe mausolée qui avait été érigé en l'honneur de ce saint dans l'arrière-chœur de l'église qui porte son nom ; que l'enlèvement ayant été fait d'une première châsse couverte en argent et modelée sur le mausolée susdit, il s'en trouva une autre plus

ancienne en bois sur laquelle restait encore quelques
lames de cuivre ou argent doré, et dans laquelle
le corps était renfermé ; qu'on ne pût résister à
l'empressement du peuple qui désirât voir les restes
prétieux de son saint Patron conservés depuis si
longtemps par un effet admirable de la divine Providence ; que la châsse ayant été ouverte, elle se
trouva garnie d'un drap de soye broché où étoient
représentées quelques figures d'hommes ; qu'on dé-
couvrit d'abord une espèce de suaire en drap de
soye cramoisy et bien conservé, avec deux voiles
de même étoffe et de même couleur ayant autour
plusieurs lettres en or, et dont l'un couvrait un
coussinet sur lequel étoit posée la tête du saint ;
que le corps ayant été découvert, on le vit dans
l'attitude d'un corps entier, que les os parurent
desséchés, unis entre eux par leurs ligaments, les
quels se détachèrent au premier attouchement, que
le corps était enveloppé de deux suaires, l'un d'un
satin qui parut être d'un fond blanc avec de petites
fleurs, et l'autre d'une matière très-fine de couleur
roussâtre qui parut avoir été appliqué sur les os ;
qu'on y reconnut encore un cordon avec deux glands
et une espèce de manipule ; qu'enfin tous les assistants furent frappés de l'odeur suave qui s'exhala de
toutes les parties de ce corps prétieux.

Les dits témoins ont déclarés en outre que la
foule étant immense, et que chacun s'étant empressé
autour de ses reliques, les uns par piété, d'autres
par curiosité, quelques uns aussi dans le dessein
d'insulter à cet objet si respectable de la vénération
publique, il ne leur est pas possible de dire s'il n'y
a pas eu quelques os enlevés par une partie des

assistants ; que tout ce qu'ils peuvent assurer, c'est qu'à l'ouverture de la châsse le corps parut entier et qu'ils remarquèrent que la tète avait encore une grosse dent entière, et une autre cassée à la machoire supérieure ; que la châsse de bois fut mise en pièce, et que plusieurs personnes en emportèrent des morceaux.

De plus, les dits citoyens Génin et Caranjeot ont ajouté que sensiblement affectés de voir leur église et leur ville menacées de perdre un dépôt si prétieux, et désirant d'en conserver autant qu'il serait en eux les restes sacrés, ils rassemblèrent le mieux qu'ils purent les os épars de leur saint Patron, les enfermèrent et cousurent dans un drap de toile de chanvre, et ayant joint les voiles à lettres d'or, avec quelques morceaux de la tombe, le tout enveloppé du drap de satin rouge cramoisy ; que vers les sept heures du soir il fut porté avec le corps d'un volontaire mort à l'hôpital militaire, au cimetière public, établi depuis peu de mois dans l'ancien enclos des ci-devant Relligieux de Saint-Remy et déposé dans la même fosse, le corps du volontaire ayant été placé sur le paquet renfermant les os de saint Remy et qui étoit à peu près de la même grandeur ; qu'ils remarquèrent avec soin l'endroit on étoit cette fosse, que quelques personnes même tracèrent des croix sur un arbre voisin pour aider à la mieux reconnoître, dans l'espoir de pouvoir rendre un jour à leur patrie et à leur paroisse ce pieux trésor dès que des circonstances plus favorables auroient rendu au culte catholique la liberté à la quelle on portoit dès lors de grandes atteintes, et qu'une coalition impie lui enleva peu de tems après.

Nous etant ainsi informés des circonstances de l'extraction et de l'inhumation du corps, nous avons demandé aux témoins de nous déclarer comment ce qui existe aujourd'huy dans la châsse a été retiré de la fosse, dans quel état il a été retrouvé et quels sont les différents objets qui ont été retirés avec le corps de saint Remy. Alors le citoyen Jean-Pierre Favreaux nous a dit que voyant avec une vraie satisfaction la liberté du culte rendue à tous les francais et n'ayant jamais perdu de vüe la fosse dans laquelle le corps de saint Remy avoit été déposé, il se rendit, le cinq juillet mil sept cent quatre vingt quinze, au cimetière entre cinq et six heures du matin, avec Jean Nicolas-Gérard fos-soyeur : qu'ils déterrèrent d'abord le corps du volontaire qui était déjà tout consommé ; que lui Favreaux ayant apperçu le paquet qui avoit été déposé dans cette fosse s'empressa de le retirer, mais que le linge dans lequel il avoit été cousu étant pourri, plusieurs os s'échappèrent du suaire de draps de soye qui les couvroit, qu'il les recueillit avec le plus grand soin, mais aussi avec précipitation, voulant éviter les regards des curieux qui auraient pu s'amasser dans ce lieu ; que de retour chez lui il avoit examiné cette prétieuse dépouille, reconnu le suaire de drap de soye d'un rouge cramoisy et le voilo de mème étoffe qui couvroit le coussinet sur lequel la tête de saint Remy étoit posée dans la châsse, ainsi que les os qui avoient été déposés dans la fosse et que leur odeur seule faisoit aisément reconnoître ; que cependant le bruit de cette fouille faite par lui s'étant répandu dans la vile, plusieurs personnes vinrent chez lui reconnoître les restes prétieux du corps de leur saint Patron, qui avoient échappés comme par miracle non seulement à la fureur des impies, mais même à la pourriture et en dressèrent un procès-verbal qui sur la demande qu'il nous en a faite sera joint au présent ; qu'enfin pour éviter l'affluence du peuple, il avoit renfermé le suaire et les os du saint dans un Reliquaire de bois, et les avoit déposés dans une chapelle érigée provisoirement dans la maison des ci-devant Minimes d'où ils ont été transportés le premier octobre de la même année, jour de la fête de la translation des reliques de saint Remy, dans l'église paroissiale du même nom.

Les dits témoins entendus ont signés avec nous le présent procès-verbal, ainsi que le dit Seraine, curé de la paroisse et les dits admiuistrateurs de la ditte église, fait triple, à Reims, les jours mois et an que dessus, pour être déposés, l'un dans la châsse de saint Remy, l'autre aux archives de l'Evêché et le troisième dans celles de la ditte paroisse de Saint-Remy....

> J. N. Gerard,
> Ovard,
> Bernard,
> Jean Bapte Paganon,
> J.-P. Bertrand,
> Genin,
> Seraine, curé,
> Favereaux. administrateur,
> Hubert Aubert, administrateur,
> Gillet Plantin, administrateur,
> Pl. Anolet (?) administrateur,
> Servant,
> Detorcy.

Second Procés-Verbal du 4 Octobre

L'an de grâce mil sept cent quatre vingt seize, le quatre octobre, nous soussignés, Nicolas Servant, Marmouzet, Guillot, Malot, curé de Cormontreuil près Reims, François Detorcy, Gabriel Marin, Courtin, curé de Saint-André de Reims, Armand Jules Seraine, curé de St-Remy de Reims, Antoine Bertin, Nicolas Menonville, desservant la paroisse de Sainte-Marie-Magdelaine de Reims, tous membres du presbytère du diocèse de la Marne, à ce autorisés par le Révérendissime Evêque Nicolas Diot :

Nous sommes transportés vers quatre heures après midy, dans l'église paroissiale de Saint-Remy, pour y vérifier les restes des ossements, suaires, et tombe de son bienheureux Patron, lesquels ont échappés non seulement aux insultes qui leur ont été faites le vingt-trois octobre mil sept cent quatre-vingt-treize, mais encore à la pourriture dans la fosse où ils ont été déposés le même jour sous le corps d'un volontaire, et où ils sont restés pendant plus de vingt mois, n'en ayant été retirés que le cinq juillet mil sept cent quatre-vingt quinze par les soins des citoyens Favréaux et Gérard, comme il est constaté par le procès-verbal d'hier.

Là, en présence de plusieurs catholiques de cette paroisse, et les portes de l'église ayant été fermées pour éviter une trop grande affluence, nous nous sommes rendus près de la châsse qui était placée au milieu du chœur et dans laquelle étoient renfermées les reliques de saint Remy, avec les citoyens Navier, docteur en médecine, et Robin, démonstrateur d'anatomie, tous deux résidens en cette ville, lesquels ont été invités par nous à faire la vérification des ossements pour en constater la nature et le caractère de manière que les catholiques puissent être assurés qu'ils possèdent encore une grande partie de ce prétieux dépôt et que les os de leur saint Patron n'ont point été confondus avec d'autres.

Les dits Navier et Robin ayant fait leur vérification, et en ayant dressé leur procès-verbal qui est annexé au présent, nous avons replacé dans la châsse les os vérifiés, ainsi que les suaires, voiles et autres objets qui ont été conservés et dans l'ordre suivant :

Nous avons d'abord placés dans le fond de la châsse deux morceaux de bois et une cheville provenant de l'ancienne tombe.

Nous avons ensuite étendu le long de la châsse un grand suaire de drap de soye cramoisy, long de sept pieds quatre pouces et large de cinq pieds huit pouces, lequel nous a paru très-bien conservé, un trou qui se trouve vers le milieu paroissant moins l'effet de la pourriture que de la position de ceux qui l'ont retiré de la fosse, ce suaire ressemble parfaitement à celui qui est désigné par le procès-verbal d'Eleonor d'Etampes, archevêque de Reims en mil six cent quarante six, comme avant été substitué par l'archevêque Hincmar à l'ancien suaire que ce prélat plein de dévotion pour saint Remy avait placé dans une châsse d'yvoire pour en enrichir son église métropolitaine.

Après celà nous avons formé un coussin de différents morceaux restés du drap qui doublait l'an-

cienne tombe ainsi que du suaire ou *brandeum* qui
touchait immédiatement le corps, auquel nous avons
joint différentes étouppes provenant de la même
tombe et de l'ancien coussin ; et nous avons enve-
loppés cette espèce de coussin d'un ancien voile de
drap de soye cramoisy fait et donné à cet effet par
Alpheïde, à la demande d'Hincmar comme l'annon-
cent huit vers latins en lettres d'or sur chacun des
quatre bords des deux côtés du dit voile. Quoique
quelques lettres n'existent plus, il a été facile de
reconnaître que ces vers sont les mêmes que ceux
qui sont rapportés dans les anciens procès-verbaux,
y en ayant plusieurs qui sont intactes, telles que
ces deux premiers :

> Hoc opus exiguum præsul clarissimus Hincmar,
> Alphædi jussit Condere sicque dare.

Sur le coussin ainsi formé, nous avons placé la
tête de saint Remy avec la machoire inférieure à
l'extrémité gauche de la châsse, nous avons observé
qu'on voyoit encore des restes de cheveux blancs à
la sommité et dans les côtés de la tête et qu'il restoit
à la machoire inférieure deux dents molaires au
côté gauche.

Audessous de la tête et du coussin, nous avons
mis dans la longueur de la châsse et dans leur ordre
naturelle les différents os du corps qui sont spéci-
fiés dans le procès-verbal dressé par les susnommés
Navier et Robin qui en ont fait la vérification.

La tête et les dits ossements ont été ensuite cou-
verts d'un voile violet d'un coté et verd de l'autre
de la même largeur et longueur que la châsse. Ce
voile déchiré seulement vers le milieu conserve en-

core son galon dont il est bordé et on y lit très-distinctement ces mots en lettres d'or sur trois des cotés :

Sancte Remigi, pontifex Domini pretiose Cum pietate memento Hincmari nomine non merito Episcopi indigni quoque sed devoti servi tui.

Enfin nous avons recouvert ces restes prétieux avec les bords du grand suaire de drap de soye cramoisy dans lequel le tout est enveloppé.

En foi de quoi nous avons signé, les jours, mois et an que dessus :

J. Guillot	Bertin
Detorcy	Courtin, curé de St-André
Malot	Seraine
Menonville	Servant
	G. Marmouzet.

Troisième procès-verbal du 5 octobre.

L'an de grâce mil sept cent quatre-vingt seize, le cinq octobre, nous soussignés membres du presbytère du diocèse de la Marne à ce autorisé par le Révérendissime Evêque Nicolas Diot.

Désirant assurer le peuple catholique de la ville de Reims de l'authenticité des restes sacrés du corps et du tombeau de saint Remy et rendre à ce glorieux apôtre de la France des hommages solennels, en réparation des outrages qui lui ont été faits dans ces tems déplorables ou une coalition impie ne craignit pas de profaner les objets les plus respectables du culte de la nation françoise.

Nous nous sommes rendus à neuf heures du matin dans l'église paroissiale de Saint-Remy.

Là en présence d'un peuple nombreux empressé d'honorer avec nous son illustre patron, nous avons fait publiquement lecture des différents procès-verbaux qui constatent tant l'extraction, l'inhumation et l'exhumation des restes de saint Remy, que la vérification qui en a été faite par les médecins et par nous les jours précédents.

Cette lecture a été suivie du chant du psaume *Miserere* avec le verset *Parce Domine parce populo tuo* etc., et du *Domine non Secundum* avec les oraisons ordinaires, pour exprimer les sentiments de componction qui ont paru animer toute l'assemblée, nous avons ensuite célébré la messe solennelle de la translation des reliques de saint Remy.

Après cela la châsse a été ouverte en présence du peuple pour y déposer les dits procès-verbaux dont il a été fait trois copies, dont une pour les archives de l'Evêché, et l'autre pour celle de la ditte paroisse de Saint-Remy.

De plus nous avons joint une gravure représentant l'ancien mausolée de Saint-Remy, un exemplaire du tombeau du grand saint Remy, apôtre tutélaire des Francois, par Dom Guillaume Marlot, imprimé en mil six cent quarante sept.

Cette reconnoissance faite, à l'effet d'assurer au peuple catholique de Reims la conservation de ce prétieux dépôt, nous avons fermé la châsse et en avons scellé l'entrée avec le sceau de l'Evêché, pour reporter en triomphe la ditte châsse, au lieu qui lui a été destiné au dessus de l'autel au fond du chœur de la ditte église.

Fait triple comme dessus, à Reims ce cinq octobre, an de J.-C. mil sept cent quatre vingt seize

et de la République Francoise le quatorze vendemiaire an cinquième.

Servant	Seraine
J. Guillot	Bertin
G.-J. Marmouzet	Detorcy
Malot	Courtein, curé de St-André
Menonville.	

PROCÈS-VERBAL

De l'examen fait des parties d'un corps que l'on dit
étre celui de saint Remy, enterré dans le ci devant
jardin de Saint-Remy, le vingt trois octobre mil
sept cent quatre vingt treize, et exhumé par les
citoyens Jean Pierre Favréau, officicier municipal
et de police du canton, et Jean Nicolas Gérard fos-
soyeur le cinq juilliet an de grâces mille sept cent
quatre vingt quinze à cinq heures et demi du matin.

L'an de grâce mil sept cent quatre vingt quinze,
le cinq juilliet, ayant appris que le citoyen Jean
Pierre Favréaux officier municipal, accompagné
seulement de Jean Nicolas Gérard fossoyeur, ve-
noient d'exhumer les restes précieux du corps de
saint Remy arraché de son tombeau, et enterré le
vingt trois octobre mille sept cent quatre vingt
treize dans le cidevant jardin situé vis avis le mo-
nastère du même nom ; nous, Claude Ludinard,
prêtre catholique romain ; Pierre Louis Honoré
Thibault, religieux prémontré, Jaques Martin Po-
villion fabriquant, Guilliaume Maupinot fabriquant,
Antoine Thimothé Marquant cultivateur, Jean Nicolas Robert Besançon propriétaire, Jean Baptiste
Isidore Thibanlt élève en chirurgie, nous sommes
transportés à deux heures après midi, le cinq juilliet

mille sept cent quatre vingt quinze chez le citoyen Favréau a dessin de reconnoître la vérité de ce qui nous avoit été confié.... Arrivé chez lui ; il nous conduisit dans une chambre haute de sa maison ou nous vimes étendu sur le plancher, ce dont voici le détail.

Un drap de soie cramoisy légèrement pourri à un endroit et toute humide encore, long et large d'environ deux aulnes, un coussin de soie cramoisy vuide et décousu au tour duquel était écrit de part et d'autre des mots latins en lettres d'or, d'autres pièces aussi d'une étoffe de soie portant d'espace en espace l'empreinte d'un cœur, une tête toute entière ou l'on apperçoit encore quelsques cheveux de la même couleur que ceux qu'en ont conservés plusieurs personnes, sa machoire inférieure est garnie de trois dents à gauche, deux vertèbres du col, quatre du dos, le sternum, l'aumoplate gauche, douze cotes, les deux humerus, un cubitus, les deux radius, l'os des hanches droit, les deux femur, deux tibia, un peronné. Quelsques mousses de bois dont étoit garnie le coussin au quel on en voit encore un peu d'attaché, deux os de doigts, plusieurs lambeaux des différents suaires dans lesquels il avoit été enveloppé, étant dans le tombeau ; deux morceaux de planche et une cheville de bois de sa tombe, quelques parties d'un autre drap de soie de diverses couleurs que l'on compara à celui que M. Favréau en avait conservé et c'est trouvé semblable, enfin le dit Favréau nous a déclaré en avoir laissé la contre partie dans la terre, l'impression et la crainte lui ayant fait accélérer cette opération, il nous protesta d'allieurs ne vouloir s'en défaire, mais le garder dans son intégrité actuelle jusqu'à ce que l'Eglise plus tranquille puissent lui rendre dans son temple les honneurs qui lui sont dues.

En foi de quoi, avons signé le dit procès verbal jusqu'à plus ample information.

Favereaux,   G. F. Marquant
officier municipal   Robert
Guillaume Mopinot Isidore Thibault.

Je certifie avoir retirée le dépôt prétieux non en qualitée d'officier municipal, mais en qualités de vrais chrétien.

Favereaux.

Addition au procès-verbal.

Le onze juilliet mil sept cent quatre vingt quinze a sept heures du soir Messieurs Navier et Demanche médecins ; Husson et Gallois chirurgiens préposés pour statuer l'état de vétusté, et si véritablement les ossements qui leur ont été présentés avoient été embaumés et paroissoient incontestablement appartenir au sujet dont il étoit question, n'ont pu en disconvenir, mais un seul os, celui d'un bras, indiquoit qu'il avoit été confondu avec les véritables, ce qui donna lieu à de nouvelles recherches qui tournèrent encore à la gloire du saint qui ne peut cesser d'être honoré. On se transporta donc, sur le champ, à l'endroit d'où il fut exhumé et le grand nombre des témoins qui y assista en confirmeront la vérité en y apposant leur seing.

On en retira donc un volume considérable de lambeaux des différents suaires et étoffes de soie de diverses couleurs parsemés de fleurs de lis et de croix semblable à ce que l'on en tira le cinq du dit

mois, un drap tout entier de soie, mais pourri, revêtu tout autour de cette légende en lettres d'or,
conforme à celle du procès verbal de 1646. Con-
fronté livre en main au moment de l'exhumation (1),
on retrouva en outre l'omoplate droite, l'humerus
droit en place duquel on avait compris celui du
volontaire, et qui bientôt, par sa couleur et par son
poid fut prouvé ne point appartenir a saint Remy,
deux vertèbres.... morceaux de costes, l'os des
hanches droit et l'autre peronné, semblables au
reste du corps.

Ont aussi assistés plusieurs élèves comme témoins
scavoir Pierret, Varlet, Langlet, Thibault élèves
en chirurgie :

Ce jourd'huy treize vendemiaire. L'an 5e de la
République française (4e octobre 1796 v. St.) à trois
heures de relevés, nous soussignés Jean Claude
Navier medecin en cette commune, ancien profes-
seur et dernier doyen de la ci devant faculté de
médecine en la ci devant Université de Rheims,
associé libre de la ci devant accadémie des sciences,
arts et belles lettres de Chaalons sur Marne, Pierre
Robin, chirurgien en la même ville, ancien chirurgien des camps et armées, correspondant de la
ci devant accadémie de chirurgie, demonstrateur
d'anatomie, et chargé par le gouvernement de l'ins-
truction des sages femes dans l'art des accouche-
ments, sur l'invitation des citoyens Nicolas Servant et François De Torcy se disant ministres du

____

(1) Nota. Sanctus Remig. Pontifex Domini pretiose, cum
pietate memento Hincmari nomine non merito episcopi indigni, quoque sed devoti servi tui.

culte catholique, nous sômes transportés dans l'église de Saint-Remi pour y examiner les os déposés dans une châsse a l'effet de constater si ces os ont appartenu au même sujet et s'ils portent des caractères de vétusté suffisants pour assurer qu'ils sont très anciens. Arrivés dans l'endroit cy-dessus désigné en présence des citoyens denommés cydessus et des citoyens Seraine, Marmouzet, Courtin, Malot, Bertin, Favreau, Guillot et plusieurs autres, reunis dans la susdite église pour cet examen.

La châsse fut ouverte et les os étendus sur une table préparée à cet effet. Nous avons reconnus que ces os qui nous étoient présentés étoient les mêmes que nous avions examiné le 23ᵉ messidor an 3ᵉ (11 juillet 1795, v. Stes) dans la chapelle établie provisoirement à la maison des ci devant Minimes, sur l'invitation de plusieurs particuliers se disant paroissiens de Saint-Remi. Nous observâmes aux assistans que dans ce temps il s'étoit trouvé deux *humerus* gauche, dont un appartenoit évidemment à un sujet nouvellement enterré et qui a été rejetté, ce qui nous a déterminé alors à nous rendre dans l'endroit ou avoient été enterrés tous ces os. Une nouvelle fouille fut faite sous nos yeux et l'on retrouva l'*humerus* du côté droit, ensemble un drap de soye carré violet d'un coté, verd de l'autre, autour duquel étoit une inscription en lettres d'or très lisible, et des débris d'enveloppes de soye dont une en particulier étoit de la plus grande finesse. Le tout fut réuni de suite aux os que nous avions examiné dans la chappelle dont est parlé cy dessus. Nous observâmes de plus que des raisons particu-

lières s'étoient alors opposés à ce qu'on ne dressa
le procès verbal. Ces remarques essentielles finies
nous avons procédés à un nouvel examen de ces
os et nous avons reconnu ce qui suit.

1° Une tête de médiocre grandeur et pesante, ce
qui annonce qu'elle vient d'un sujet vieux, 2° une
machoire inférieure avec deux dents molaires qui
annonce la même vétusté, sans appartenir au même
sujet car les condiles ne rentrent pas exactement
dans les cavités glénoïdes des os des tempes. 3° 6
vertèbres, les deux premières dorsales, les deux
premières et les deux dernières lombaires, la troisième manque. 4° onze côtes et deux morceaux.
5° Le sternum qui se trouve un peu dejetté à gauche dans la partie inférieure ; 6° l'os sacrum et les
deux os innommés. Ces deux os portent encore
quelques parcelles de chaire desséchée, particuliè-
rement celui du côté gauche au dessus de la cavité
cotiloïde : 7° les deux omoplates ; 8° deux humerus,
celui du côté droit long de 11 pouces 9 lignes et
l'autre de 11 pouces cinq lignes ; 9° le cubitus du
coté droit long de 9 pouces 9 lignes et le radius du
même côté long de 9 pouces 1 ligne ; 10° le radius
du côté gauche ; 11° le femur du côté droit long
de 16 pouces et celui du côté gauche long de 16
pouces 3 lignes ; 12ᶜ le péronné droit dont la tête ou
la partie supérieure manque et celui du côté
gauche dans son entier.

La couleur excessivement rambrunie de tous ces
os, l'odeur aromatique qu'ils conservent encore,
les étouppes et les chanvres aromatisées qui les ac-
compagnent et qui remplissoient les cavités prouvent qu'ils ont été embaumés et leurs donnent un

caractère de vétusté qui demontre qu'ils ont appartenu à un sujet de la plus grande ancienneté.

De tout ce que dessus nous avons dressé le présent procès verbal pour servir et valoir ce que besoin et raison. Fait à Rheims les jours mois et an que dessus.   J. C. Navier,   Robin.

Lettre de M. Colombelli, au vicaire général de Reims.

Illustrissime et Reverendissime D. Domine!

Hanc humillimam epistolam meam, quam ad te expedio, haud Te respuere velle, confido.

In hac Bergomensi Diœcesi Paræcia adest S. Georgio M. dicata in loco vulgo dicto *Eudine*, in quâ maximâ colitur veneratione quædam insignis Reliquia, quæ usque ad hodiernam diem ab omnibus judicata fuit esse pars corporis perillustris S. Remigii, istius almœ civitatis Episcopi, et precise ea brachii pars quæ à peritis *ulna* vocatur. Et revera quando Illustrissimus et Reverendissimus D.D. Aloysius Ruzzini sanctæ memoriæ hujus Diœcesis Episcopus anno 1703 visitationis pastoralis causâ in dictum pagum se contulit, et de authenticitate prædictæ Reliquiæ inquisivit, ipsi filo serico rubri coloris circumligatam reperiit schedulam, in quâ sequentia scripta erant : *Hœ sunt Reliquiæ Divi Remigii, quas inter alias venerati sunt Venerandi Visitatores Illustrisimi et Reverendissimi Episcopi Bergomensis die 7ª octobris 1599 in hac Parochiali Ecclesiâ Divi Georgii Terræ Communis Eudine dum ipsam Ecclesiam visitarent de more.* De eâ non contentus, cum certius et indubium documentum deesset, ad probandam dictæ Reliquiæ authenticitatem regularem instituit processum. Ex eo constavit usque ab anno 1200 in illà parochiali Ecclesiâ venerari prædictam Reliquiam, ipsam illuc â Galliâ translatam, et semper et ab omnibus utpote partem corporis S. Remigii Episcopi Reims putatam fuisse. Imo unus ex vocatis à prælaudato Reverendissimo Episcopo Ruzzini testatus est se per aliquot tempus domi excepisse quemdam virum gallicum nomine

Claudium, qui sæpe sæpius, se in istam almam civitatem in quâ S. Remigii corpus colitur, iterasse, ubi acceperat dictum corpus brachio carere, quod ferebatur extare et venerari in hac Diœcesi, enarrabat.

Verùm cum nonnulli probati Auctores et præsertim *Actuum Sanctorum* in visitatione ab Illustrisim et Reverendissimo Archiepiscopo istius civitatis Leonorio de Tampe de Valenzay anno 1646 peracta corpori perillustris S. Remigii, ipsum integrum in omnibus suis partibus repertum fuisse, testentur, quod, si litteraliter intelligendum et verum esset, Reliquiæ, quæ in Paræcià de Eudine supradictà hujus Diœcesis veneratur, ut patet, penitùs authenticitatem destrueret, hisce meis litteris ut me de rei veritate certiorem reddas, iterum atque iterum in Domino rogo.

Res delucidenda maximi momenti est, ideoque Te humillimas preces meas benigne excipere et exaudire nec dubitare mihi fas est.

Firmâ spe, quâ remaneo, Reverentiam Tuam meas benigne accepturam preces, humillimæ reverentiæ mea signa tibi exhibere summopere gaudeo.

  Datum Bergomi Longobardiæ
   die 20ª Junii 1873.

    Humill[mus] et Obsequent[mus] famulus
     Colombelli Pro. Vic. Gen.

Illustrissimo et Reverendissimo Domino Domino.
Vicario Generali Diœcesis, Reims.

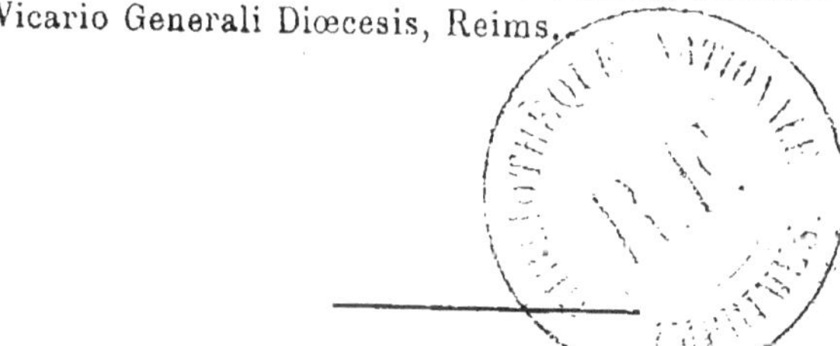

183